GUIDE DU VOYAGEUR

A BAGNOLES-LES-EAUX

SOURCES CHAUDES DE NORMANDIE

GUIDE DU VOYAGEUR

A BAGNOLES-LES-EAUX

(Orne)

PAR

A. R. DE LIESVILLE

Membre des Congrès scientifiques de France; du Congrès des délégués des sociétés savantes, de l'Association normande; de la Société française d'archéologie pour la conservation et la description des monuments nationaux; de la Société d'encouragement pour l'industrie nationale; de la Société impériale et centrale d'horticulture de Paris; de la Société d'horticulture de l'Orne, etc., etc.

PARIS

CHEZ TOUS LES LIBRAIRES.

1858

A MON AMI FÉLIX ROBÉ

MÉDECIN NATURALISTE

Souvenir d'amitié.

SOURCES CHAUDES DE NORMANDIE.

GUIDE DU VOYAGEUR

A BAGNOLES-LES-EAUX

DÉPARTEMENT DE L'ORNE.

---

§ I.

Sur les confins de la Normandie, du Mein et de la Bretagne, entre les gros bourgs de Couterne et de la Ferté-Macé, près de la route d'Alençon à Domfront, il existe une vallée profonde, entourée de rochers à pic, au milieu de laquelle coule la petite rivière torrentueuse de Vée.

Alentour, apparaît l'établissement des eaux chaudes et minérales de Bagnoles. Au sommet et en arrière de cette espèce d'enceinte titanique, abri naturel contre les vents, se déploie une admirable plantation de cèdres, de pins, de buis, de rhododendrons, de hêtres, de chênes, de châtaigniers, qui donnent à cette contrée l'aspect calme et heureux d'une vallée des Alpes Italiennes.

On gravit les rochers par des sentiers faciles et on arrive sur plusieurs plateaux.

Là on embrasse un magnifique horizon

où se développent les vastes forêts d'Andaine et de la Ferté : le lac de Bagnoles et les nombreux coteaux que la culture infatigable de la race normande sait rendre si productifs.

S'il est vrai, comme l'assurent bien des médecins, que les eaux minérales agissent autant par la pureté de l'air et par la beauté du site, que par les qualités de la source, aucun établissement thermal ne peut le disputer à celui de Bagnoles. Il est, en effet, difficile de se figurer une position plus heureusement harmoniée par la nature et où l'art l'ait mieux secondée. L'ensemble du pays présente partout l'aspect de ce joli boccage normand si riche par ses champs boisés et si pittoresque par les pentes idylliques de ses coteaux. La bonne distribution des eaux et la facilité de leur écoulement dans tout le pays; l'abscence de tout marécage, l'heureuse inclinaison de cette partie de la Normandie qui s'ouvre aux vents de la mer par l'abaissement de la côte d'Avranches, toutes ces circonstances réunies rendent parfaitement compte de l'extrême salubrité dont est doué le canton de Couterne et de la Ferté-Macé et de l'inappréciable avantage dont jouit le département de l'Orne en particulier, d'être un de ceux dont la *moyenne* de la vie présente *le plus de durée*, et où la mort frappe *annuellement le moins d'individus* (1).

(1) Dans l'*Orne* : un sur cinquante. — *Finistère* : un sur vingt-trois. — *Paris* : un sur quinze.

Aux pieds d'immenses rochers culbutés, auprès du petit hameau auquel elle a donné son nom, jaillit la *source chaude*; elle se jette ensuite dans la Vée qui va elle-même se perdre dans la Mayenne à Couterne. Un bloc immense situé devant l'établissement thermal s'élève brusquement à une hauteur prodigieuse, sous la forme d'une montagne aride et nue : un second roc à pic ferme l'enclos de l'établissement, comme une vieille forteresse en ruines dont les pierres poussées hors de leur aplomb menaceraient d'un éboulement. Les effets les plus étranges naissent dans cet antique chaos de rochers : les uns forment des aiguilles éffilées, d'autres des môles et terrasses, d'autres des grottes appuyées sur des contreforts menaçant. A la vue de ces masses étranges, il est impossible de mettre en doute que cette contrée n'ait été jadis tourmentée par des secousses volcaniques. Ces rocs vifs de granit, de quartz, de schorl sont tous jetés les uns sur les autres comme par une main puissante qui aurait précipité un immense écrasement.

Le premier document sur Bagnoles qui nous reste, est de Geoffroy, médecin célèbre de la faculté de Paris. Il en visita la source en 1694 et en parla avantageusement. En 1740, il parut une brochure à Alençon ayant pour titre : *Traité des eaux thermales de Bagnoles*.

Le *Journal de Verdun* traita de deux

lettres des eaux de Bagnoles en 1750; Lieutaud, médecin du roi en 1781; Macquart en 1783; enfin Vauquelin en 1813, ont tous jugé que Bagnoles possédait des eaux bienfaisantes et ont approuvé leur héroïque valeur thérapeutique (1).

La légendre populaire attribue la découverte des propriétés de la source thermale de Bagnoles à un fait qui tient du merveilleux :

« Vers le milieu du XVIe siècle, un che-
« val poussif, vieux courrier, victime des
« détestables chemins d'alors, fut aban-
« donné hors d'haleine et mourant sur la
« route de Mayenne par son maître, qui

(1) Voir ci-après la notice médicale.

« allait à la foire de Guibray. Ce pauvre « animal, inspiré par un reste d'instinct « conservateur, se traîna vers la fontaine « de Bagnoles, s'y baigna, s'y désaltéra « chaque jour. A la saison suivante, son « maître, qui repassait, le retrouva frais, le « poil lisse et la respiration facile; il le re- « prit. »

Suivant une autre vieille chonique, le cheval seul n'aurait pas fait découvrir l'efficacité des eaux.

« Il y a près de deux siècles, dit une « vieille chronique d'Alençon de 1740, « que cette fontaine fut découverte par « les habitants de ces quartiers, naturelle- » ment attaqués d'une gale affreuse, qui

« ressemble à la lèpre, et par un cheval « poussif outré, hors d'état de servir et aban- « donné dans les forêts. Les peuples qui « les premiers se baignèrent dans cette « fontaine, accablés de ces gales affreuses, « devinrent sains et propres comme s'ils « venaient de sortir du ventre de leur « mère, et le cheval poussif, après avoir « bu quelque temps de l'eau de cette fon- « taine, se guérit si parfaitement, qu'il fit « l'admiration de ceux qui l'avaient vu « hors d'état de servir. »

La même chronique dit que les dames normandes s'y rendaient en grand nombre pour s'y guérir de la stérilité. Enfin, si l'on en croit une vieille légende encore chantée dans le pays, un père capucin, entièrement privé de l'usage de ses jambes, fut apporté à Bagnoles pour s'y guérir, apercevant l'un des rochers qui se termine par deux pointes ou aiguilles, distantes d'environ quatre mètres :

« Mon Dieu, fais que cette eau me rende,
« Dit-il, l'élan que je n'ai plus,
« Et par ce roc fourchu bizarre,
« Je jure de franchir d'un bond
« La distance qui le sépare,
« Si de mes douleurs je me gare. »

On le prit, on le plongea dans les eaux claires du bassin, et en peu de temps le père capucin recouvra si bien force et santé. . . . .

« Qu'il prit un jour sa course,
« Et, malgré le poids de sa bourse,

Sauta d'une aiguille à l'autre du roc;

puis dans ce lieu se fit ermite et vécut, jusqu'à cent ans passés.

« De cet endroit, ô jeunes filles,
« Il est défendu d'approcher;
« Mais, à travers pins et charmilles,
« On montre encore deux béquilles
» Dans les fissures du rocher.

Depuis, se rocher s'appelle le roc du capucin.

Ce fut Élie de Cerny, secrétaire du roi, qui fonda les premiers bains en 1691. Élie de Cerny fut anobli à cause de sa gestion intelligente et charitable de Bagnoles. Les eaux devinrent célèbres dans la Normandie et la Bretagne. Les magistrats et les citoyens de Falaise s'y rendirent, le protégèrent et en firent un établissement thermal important pour le temps. Mais ce fut Le Machois qui, en 1813, embellit Bagnoles de nouvelles constructions, de son parc, de ses cottages et de ses belles plantations, qui aujourd'hui en font un séjour délicieux. Il y dépensa plus de 800,000 francs.

Vauquelin vint, en octobre 1813, faire l'analyse de ces eaux. La visite de ce célèbre chimiste est relatée sur une table de marbre placée dans l'établissement.

M. Desnos en devint le propriétaire en 1840. Il donna à ces eaux un caractère sérieux qu'elles n'avaient point eu. Joignant à ses qualités morales de grandes connaissances pratiques, il les dota d'une importance médicale dont elles avaient été privées jusqu'alors, y attira un monde d'élite et y fit de nombreuses constructions, lorsque la perte prématurée d'un des membres de sa famille l'obligea à abandonner l'œuvre à laquelle il s'était consacré, et qu'il avait su, pendant quinze années, diriger avec cette intelligence et cette énergie qui dénotent une nature bien douée.

Depuis deux années, M. Benardeau est devenu fermier administrateur de cet établissement. Son ardeur infatigable à aplanir les obstacles, sa confiance dans son œuvre, son travail incessant, les sympathies générales qu'il s'est acquises par un long séjour qu'il a fait dans ce pays, et les soins tout particuliers dont il entoure chaque baigneur, ont attiré à Bagnoles une foule inconnue jusqu'alors, dont le nombre augmente chaque année.

§ II

Etablissement.

A l'entrée de la gorge de Bagnoles, près de la route de la Ferté-Macé, se dresse le roc au Chien, dont la forme étrange, fantastique, semble garder le ravin et la source ferrugineuse (1) qu'il domine de sa masse imposante. On a pénétré dans le parc par une allée aussi fraîche que mystérieuse, abritée à gauche par un rempart

(1) Voir ci après la notice médicale.

de rocher granitique que des lierres séculaires et des clématites odorantes revêtent de leurs poétiques manteaux. A droite, l'allée est bordée par une large anfractuosité que dessine le torrent de la Vée, qui se heurte avec fracas sur les parois des grandes pierres glissantes qu'il blanchit de son écume. A peine entré dans ce séjour assombri par l'épaisseur du feuillage des grands arbres centenaires, on respire l'air rafraîchi par l'onde murmurante, les senteurs des tilleuls épanouis, l'odeur des pins résineux, si salutaires aux poitrines délicates ; les parfums du serpolet, des digitales, des rhododendrons et des églantines sauvages ; on se sent déjà plus jeune et plus dispos. On arrive dans les cours de l'établissement, traversées par le même torrent. Là, le ciel se découvre et l'on peut voir, au-dessus des nombreux bâtiments qui se groupent autour de la source thermale, la couronne de bruyères roses et de sapins verdoyants qui encadrent l'établissement. Il se compose :

1° Des bâtiments de la source thermale, qui contiennent la buvette, cinq baignoires, un bain russe, un bain de vapeurs, des chambres et quatre lits.

2° Du bâtiment neuf, qui contient seize baignoires, six salles de douches ; aux 1er, 2e et 3e étages, cinquante et un lits.

3° Le bâtiment des piscines, qui contient deux magnifiques piscines de natation à eau courante; aux 1er, 2e et 3e étages, quatre lits (ce bâtiment n'est pas achevé);

4° L'hôpital : seize lits ;

5° La chaumière : sept lits;

6° Le bâtiment des Salons, qui contient le casino, composé du grand salon, salle de lecture et salle de billard, le vestibule, la salle à manger pour 140 couverts, la cuisine, pâtisserie et office, l'appartement du directeur ; aux 1er et 2e étages, quarante et un lits ;

7° Bâtiment des bureaux (ancien hôpital militaire) et lingerie. Il contient trois belles piscines, autrefois employées pour l'armée (aujourd'hui abandonnées); le cabinet médical, le bureau, le restaurant, la salle des visiteurs, la salle à manger de la deuxième table; cinquante-trois lits;

8° Le logement des cochers, les écuries, les remises et selleries, les étables et vacheries, les forges, la buanderie, etc. ; cinq lits;

9° Les cottages du parc, douze lits.

Ce qui forme une réunion de 190 lits.

L'établissement ne peut loger aujourd'hui plus de 250 baigneurs en ajoutant les lits supplémentaires.

Chaque baigneur a sa chambre à un

ou plusieurs lits. On trouve bon nombre d'appartements complets, à deux, trois et quatre lits, composés de chambres à feu pour maîtres, chambres pour domestiques, antichambres, anglaises dans le bâtiment même des baignoires. On trouve aussi de nombreux appartements ménagés pour la vie de famille.

L'établissement a été entièrement mis à neuf et garni de meubles modernes par la direction.

§ III

Culte.

Dans l'établissement même, au-dessus de la source, comme accrochée au roc du Capucin, se trouve une gracieuse chapelle dédiée à la sainte Vierge. Chaque matin la messe est célébrée par le chapelain de Bagnoles; sur le maître-autel est un tableau de *Garofallo*, donné par M. le marquis de Somma-Riva, en témoignage de sa guérison. Cette chapelle étant réservée aux baigneurs, tous les gens de service entendent la messe en dehors. Leurs groupes recueillis, qui s'échelonnent sur les deux sentiers montueux y conduisant, sont du plus heureux effet pour le dessinateur et le touriste.

§ IV

La Vie à Bagnoles.

La matinée est consacrée aux soins de la santé et à boire de l'eau.

On déjeune à dix heures et demie; on dîne à cinq heures et demie.

La table est couverte avec cette abondance qu'on ne retrouve plus qu'en Normandie. Le service se fait bien, la plupart du temps à la russe. Une carte mise devant chaque convive lui fait connaître les dix plats qui lui seront offerts à son dîner.

Après le déjeuner, les groupes se forment, les parties s'organisent; les chevaux, les voitures, les attirails de pêche remplissent les cours, et chacun part. Les plus calmes ou les moins ingambes se contentent d'une promenade dans le parc, après s'être munis d'un livre dans la bibliothèque, de la pêche à la ligne dans la Vée, du tir au pistolet, les fumeurs du frais fumoir jeté sur le torrent. Les enfants vont au gymnase; les jeunes filles font de la musique. Au dîner, la conversation est animée; chacun raconte l'emploi de sa journée. Après dîner, les cours s'animent de promeneurs, de jolies robes bien légères, aux couleurs vives et fraîches. La vallée est froide; à huit heures, il devient indispensable pour les femmes de se couvrir de leurs *bagnolaises* (1), et pour les hommes d'endosser le paletot d'hiver. La nuit ramène au Casino. Les lecteurs lisent les nombreux journaux qui sont jetés chaque matin sur le tapis

(1) Petit vêtement à capuchon.

vert, les publications nouvelles, ou bien les ouvrages de la bibliothèque.

Les joueurs battent les cartes, les dames entourent la grande table d'ouvrages, les musiciens se font entendre et ensuite la jeunesse danse. A Bagnoles, comme dans tous les établissements de bains, on se couche de bonne heure, *après avoir bu le verre d'eau à la source même.* A minuit, tout dort, excepté les fontainiers qui vont commencer leurs pénibles fonctions.

Les femmes et les hommes s'habillent pour dîner; les toilettes ont beaucoup de rapports avec celles que l'on fait à la mer.

§ V

Parc.

Le parc, dessiné par Châtelain, le lac et les dépendances de Bagnoles ont 125 arpents. Il est entièrement livré aux baigneurs de l'établissement. Il a été créé au milieu de vieilles plantations d'arbres de toutes essences et de rochers abruptes. On y trouve, dans les grandes chaleurs, la fraîcheur et le repos. Il y a un tir au pistolet et un gymnase complet. C'est une véritable vallée de Tempé; on y cueille les bruyères roses, les genêts, les chèvrefeuilles, les clématites et les lierres. Les frênes, les marronniers, les sapins y unissent leurs exhalaisons balsamiques à leurs bruissements. Des sentiers traversant des massifs de rhododendrons et de lauriers sillonnent tous les rochers de la base au sommet et mènent insensiblement à cet admirable plateau d'où l'œil embrasse dix lieues d'horizon. On peut facilement arriver au Mont-Julien, au Somma-Riva, à celui du Capucin; l'ascension la plus ardue est celle du roc au Chien, groupe de granit immense qui se trouve sur la rive droite de la Vée. On parcourt la contrée des pins, celle des châtaigniers, les prairies; on descend dans l'île Adèle, où se trouve le gymnase; on sort du parc en côtoyant les ruines de l'ancienne forge, qui fut le premier établissement de Bagnoles; de là on fait une promenade sur le lac, à la rive duquel sont amarrés les canots de l'établissement.

De l'autre côté du parc, en suivant la Vée, on voit les restes du vieux Bagnoles et la grotte *Fresunis*, qui mène à la porte Blanche.

§ VI

Pêche, chasse.

Le lac de Bagnoles, situé à cette porte et au pied de la forêt d'Andaine et de la Ferté, est poissonneux et fournit l'occasion permanente de la pêche; chaque semaine on y jette le grand filet, qui apporte à la rive de magnifiques brochets, des tanches et des perches. On y trouve de belles anguilles en assez grand nombre. Dans la Vée, que traverse le parc, et dans les ruisseaux et petits torrents dont le pays est sillonné, la pêche de la truite et des écrevisses y est toujours fructueuse. La truite y vient petite et le barbeau y devient énorme. Tout le poisson de cette contrée est excellent. Le parc étant entouré de murs, les pensionnaires peuvent y chasser le lapin. Ils trouvent des chiens courants à l'établissement. Cette distraction peut durer deux heures environ et est autorisée le matin, jusqu'à six heures seulement. On y chasse au furet. On parcourt rarement le parc sans surprendre bon nombre d'écureuils bondissant sur les sapins et sautant d'une branche à l'autre.

§ VII

Voitures, chevaux, ânes, etc.

On trouve à l'établissement des calèches de voyage et de bonnes voitures de promenades en nombre suffisant. Ces voitures sont toujours traînées par deux ou trois petits chevaux bretons d'une énergie peu ordinaire. Ce sont ces mêmes petits chevaux qui sont employés pour la promenade à cheval; d'un naturel fort doux, légers à la main, ils ont le pied aussi sûr que les mulets; ils font d'agréables montures.

Il n'y a pas une excursion relatée dans cette notice qui ne soit exécutée entre le déjeuner et le dîner, grâce à leur vitesse. Les ânes sont ordinairement la monture des enfants et des femmes timides ;

« Et quelquefois aussi, par une chance heureuse,
« Il sert de bucéphale à la beauté peureuse »

FÊTES DE BAGNOLES.

Le premier dimanche du mois d'août, au sein d'une riante prairie couchée au pied d'un côteau boisé et verdoyant, se donne une fête dite *de Bagnoles*, créée par la nouvelle direction. Ce petit festival rempli d'attraits attire à l'établissement, de plus de dix lieues à la ronde, des villes et villages, une foule considérable qui, jointe aux nombreux baigneurs de l'établissement, lui donne cette physionomie et cette animation qu'on ne retrouve qu'au sein des cités populeuses. En effet, les environs sont en émoi; les villes du Mans, d'Alençon, de Domfront, de la Ferté-Macée, etc., les bourgs, les villages organisent des parties et trains de plaisir pour se rendre à cette fête d'un style vraiment original et nouvelle dans la contrée. Les musiques d'Alençon, de Domfront, etc., font retentir les échos boisés et rocheux de leurs joyeux accents.

§ VIII

Promenades et excursions.

Les principaux attraits de Bagnoles, après la vie charmante que l'on mène à l'établissement, sont dans les promenades et visites aux vieux châteaux, aux églises, chapelles et monuments druidiques qui l'environnent.

A l'extrémité du parc, près du moulin de la forge, sur les bords du lac, on aperçoit la propriété d'une de nos célébrités littéraires; madame*** s'est retirée dans une charmante oasis, au milieu d'arbres touffus qui ne laissent voir que la fumée du toit de la châtelaine. L'auteur de *Valirda* et de la *Pierre de touche* vit en paix au milieu d'une précieuse collection de meubles anciens et de tableaux de la vieille école italienne.

La roche Goupil. Un grand château aux toits élancés et pointus vient de s'élever comme par enchantement sur la colline dominante en face du parc de Bagnoles. Il semble avoir été construit pour ajouter encore au charme de son point de vue. Son propriétaire est, dit-on, possesseur d'une des plus grandes et plus honnêtes fortunes de France. Il donnera son nom à cette demeure. Nous aurons à parler plus tard de la beauté des détails intérieurs et des agréments de la roche Goupil.

COUTERNE.

L'un des châteaux les plus voisins de Bagnoles est le vieux castel de *Couterne*, habité depuis longues années par la célèbre famille de Frotté, qui donna à la guerre des Normands et des Bretons contre la Convention un de chefs les plus braves et les plus habiles, Louis de Frotté, fusillé à l'âge de 34 ans, à Verneuil, près Alençon, le 18 février 1800. Louis de Frotté fut le général en chef des chouans normands et le dernier des Blancs.

Le château de *Couterne* est à une demi-heure de marche de Bagnoles. Il est entouré de grandes allées de haies séculaires, construit en briques du XVIe siècle, restauré au XVIIIe. Il se mire avec ses arbres antiques dans un étang qui l'environne de presque tous les côtés. Il fut bâti par la famille de Couterne, puis acquis en 1540 de la famille d'Aligny, par Jehan de Frotté, chancelier et poëte de la reine Marguerite de Navarre, lorsque cette princesse tenait sa cour à Alençon. Les châtelains du manoir de Couterne ont continué l'hospitalité traditionnelle de leurs ancêtres et se font un plaisir de laisser visiter le parc admirable qu'ils ont planté.

Le gros bourg de *Couterne*, où passe la diligence d'Alençon à Domfront, n'a de remarquable que son activité normande. L'église, d'architecture romane, a un aspect massif et écrasé qui rappelle, par les figures des impostes, les constructions saxonnes.

LA CHAPELLE DE LIGNOU.

A l'entour de Couterne se déroule une série d'excursions, qui toutes ont leurs charmes et des attraits particuliers. Sur la route et non loin de Couterne, se trouve la chapelle de Lignou, vieil oratoire placé dans une délicieuse position, auprès d'un if antique aux traditions miraculeuses. Voici ce que tous les paysans savent et racontent à l'occasion de la construction de cette chapelle. Il y avait dans cet endroit et dans ce temps-là un gros buisson d'épines blanches et un sentier qui passait à côté. Il y avait aussi un certain soir, ce soir-là, un gros Normand attardé qui revenait à Lignou de Briouze. Fort étonné d'entendre quelques soupirs s'échapper, il s'arrêta et vit à la clarté de son falot, au fond du gros buisson, la vieille statuette en bois noirci et grossièrement doré, devant laquelle il s'agenouillait chaque dimanche à la messe; grande fut sa joie de retrouver cette sainte image qui depuis quelque temps avait quitté sa niche. Persuadé que quelques vauriens l'avaient ainsi jetée au fond des ronces et des épines par impiété, il l'en rapporta donc, le soir même, à son curé, qui la remit en place en sa présence. Après une courte prière, il rentra à la maison tout joyeux de sa bonne action. Quelle fut sa surprise en repassant plus tard d'entendre les mêmes soupirs s'échapper du même buisson. Il se disposait à enlever la Vierge de nouveau, lorsqu'elle le pria gracieusement de la laisser dans cet endroit « qu'elle aimait « et qu'elle avait choisi pour sa de- « meure. »

L'événement fut aussitôt connu de la

population du Lignou de Briouze, qui vint en grandes pompes, croix, bannières et jeunes filles en tête, pour reconquérir sa Vierge; mais celle-ci ne céda à aucun cantique; les supplications d'une population à genoux, les plus ferventes prières, rien ne put la décider à quitter son buisson. Il fallut donc revenir, triste et confus, plier les bannières et rentrer les croix. Ceux de *Couterne* ne manquèrent pas l'occasion de s'approprier un pareil trésor. Ils lui construisirent une chapelle à l'endroit même où était le buisson d'épines blanches, qu'ils appelèrent *Lignou afin de ne pas la changer*.

Depuis lors, ceux de Lignou de Briouze y font de fréquents voyages (pèlerinages) avec solemnité. La Vierge a gardé bon souvenir de leurs délicates attentions et de leurs regrets; elle fit pour eux de nombreux miracles. On dit même qu'elle exauce mieux leurs prières que celles des autres pèlerins. Une vieille femme du pays, qui pour *bon marché se charge* de faire des voyages à cette chapelle, me disait tout dernièrement que les miracles devenaient de plus en plus rares à cause du malheur qui lui était arrivé il y a quelques années. Le jour de la mi-août, on célébra l'anniversaire de son arrivée au buisson d'épines blanches. Les jeunes filles de Couterne portaient la sainte Vierge en procession autour de la chapelle quand elle vint à tomber sur l'herbe; de ce moment on se garda de la bouger de sa niche. Depuis on célèbre toujours la fête de la mi-août, mais la Vierge ne quitte plus sa place au-dessus du maître-autel de l'oratoire.

LES GORGES DE VILLIERS.

A deux lieues environs de l'oratoire, par une route ombreuse et bordée de haies vives et touffues, on arrive à un immense plateau sur lequel les bruyères aux vives couleurs et au sombre feuillage ondulent comme une plaine de Neptune. De ce plateau l'œil embrasse toute l'étendue de la vallée de Couterne, dont les horizons sont formés par les coteaux cultivés de la Mayenne. A l'extrémité des bruyères on arrive brusquement à une gorge taillée à pic dans le rocher, qui, par une sorte de déchirure profonde, forme ce que l'on nomme les gorges de Villiers au fond desquelles un vif cours d'eau, interrompu çà et là par des quartiers de rocher, fournit aux baigneurs une pêche fructueuse aux écrevisses.

MONCEAUX.

A la sortie des gorges de Villiers, après avoir chevauché à travers de nombreux ravins et monticules, on pénètre dans les allées de Monceaux. Les hêtres en cet endroit ont pris un développement gigantesque, surtout en circonférence. Toutes les allées aboutissent irrégulièrement à une ancienne capitainerie, qui fut construite, avec une certaine prétention, sous Louis XV. Monceaux a aussi sa légende.

« Une fée malheureuse avait passé par là, alors que ce château n'était qu'une pauvre chaumière. Suppliante, la pauvre fée avait demandé la permission de faire sa soupe aux paysans qui se chauffaient. L'hospitalité normande n'a jamais failli, et les pauvres gens, qui n'avaient qu'une terrine pour toute vaisselle, l'offrirent aussitôt. En quelques instants la soupe fut cuite et servie; chacun en eut sa part dans la maison : mais elle était si succulente que si la terrine n'eût pas été vide, chacun en eût redemandé. La fée s'en aperçut et poussa la reconnaissance jusqu'à faire un miracle. On servait toujours de la soupe et il y en avait toujours. Pour échapper à la stupéfaction, à l'admiration et aux demandes des intrigants des alentours, la fée partit aussitôt en leur disant : « Merci « de votre bonne hospitalité. Conservez « toujours cette terrine, laissez-la au coin « du foyer où je me suis assise ; ne man- « quez jamais de lui faire sa soupe, et il « vous arrivera toutes sortes de bien. »

Voyez, lecteur, comme cette fée, quoique tombée dans le malheur, était restée intelligente ; ne pouvant plus donner des palais, des royautés, etc., etc.. elle s'était contentée d'accorder à la vieille terrine le pouvoir de réveiller tous les habitants de la maison de très-grand matin, et elle confia cette faveur à l'oreille du maître. Ce dernier n'en abusa point ; mais chaque soir, en se couchant, excepté le samedi et la veille des grandes fêtes, il ne manquait pas de dire : « Terrine, réveille-nous matin..... » Alors bien avant le lever du soleil, bêtes et gens étaient au travail; pour trois journées de travail on en faisait quatre. Le travail grandissant, les champs grandirent aussi autour de l'humble chaumière, qui devint une grosse ferme. Puis le maître se construisit un logis et planta ces hêtres qui font l'admiration du pays.

Les mauvais jours arrivèrent, 93 alluma dans cette contrée le flambeau de la guerre civile; les Bleus envahir le pays et vinrent frapper à la porte du petit castel. Le maître en était absent, car il guerroyait pour la défense de son roi et de son Dieu. Une servante seule refusait énergiquement l'entrée du logis : « Plutôt la mort, s'écria-t-elle, que de laisser souiller cette demeure! » La porte fut bientôt rompue, tout dans la maison fut pillé, volé et brisé, la servante fut trouvée morte. Infailliblement la terrine eut le sort commun, car il n'est à la connaissance de personne que l'on soit plus matinal à Monceaux qu'ailleurs. Seulement il est utile de prévenir le touriste que s'il s'attarde, passé minuit, dans les sombres allées, au premier détour il sera surpris par la Grande-Bique, qui se dressera sur ses pieds de derrière. Tous ceux qui l'ont rencontrée ont pris la fuite sans regarder en arrière, de sorte qu'on ignore si elle poursuit. J'en doute...

HAUTEVILLE.

A quelques lieues de Pags, se trouve

le château d'Hauteville, immense et royale demeure d'architecture moderne, dont le marquis et la marquise d'Hauteville font les honneurs à la manière de la grande et vieille noblesse.

LA BERMONDIÈRE.

Revenons aux ombrages, les plus beaux de France, abritant les promenades de la Bermondière que baignent les eaux de la Mayenne; cette demeure fut la dernière de Réaumur. Les baigneurs de l'établissement sont toujours assurés d'y trouver une hospitalité qui rappelle les temps antiques de l'*hospitalité normande*, dont les châtelains ont conservé les traditions.

LASSEY.

Ancien château fort bien conservé du

IXᵉ siècle; on voit ses neuf grosses tours, ses murs crénelés de sept à huit pieds d'épaisseur, bâtis sur un rocher de granit battu jadis par les eaux. Il a encore son pont-levis. C'est sans doute un des châteaux de cette époque les mieux conservés. Les baigneurs ne s'y présentent jamais sans voir le pont levis s'abaiser devant eux, et sans y recevoir un gracieux accueil dans le grand salon de réception du manoir.

Lassey fut pris en 1064, par Guillaume de Falaise et tomba plus tard au pouvoir des Anglais.

A quelques lieues de Lassey on trouve les ruines de Bois-Froult et de Bois-Thibaut du XVᵉ siècle.

AMBRIÈRES.

Ruines du château de Guillaume le Conquérant, placé à la pointe d'un rocher escarpé que baignaient les eaux de la Mayenne. De cette hauteur l'œil embrasse l'immense panorama des campagnes de la Mayenne.

CHANTEPIE,

A peu de distance de Couterne, baigné par les eaux de la Mayenne qui serpente sous de fraîches allées, offre aux visiteurs des promenades couvertes de pelouses qui aboutissent au château assis au pied de petites collines fleuries et disposées avec un gout exquis. M. le marquis de Malterre y passe une grande partie de l'année.

LE PHARE DE BON VOULOIR.

Le *Phare de bon vouloir* : situé dans la commune de Javigny, à deux lieues de Bagnoles, se signale de loin par une de ses tours. C'était un petit fort carré, armé de tourelles dont l'une couronnée de machicoulis et de créneaux, reste debout ; à côté est le phare. De cette forteresse on observait l'approche ou les mouvements de l'ennemi pendant les guerres de la féodalité. Le phare a cent marches d'élévation. Il se termine par un observatoire percé d'ouvertures sur toutes ses faces. Une vieille porte en chêne garni de lames de fer existe encore et ferme l'entrée. A côté sont les oubliettes. Quoique bâti dans une vallée, sa hauteur est telle que du sommet on domine tout le pays : le tout est parfaitement conservé, et son style rappelle l'époque de sa construction. Une ferme normande, des plantations de hêtres ont envahi ce vieux donjon dont l'ensemble est plein de couleurs pittoresques et de caractère féodal. Ce fut René duc d'Alençon qui, vers la fin du xve siècle, permit à son maître d'hôtel d'élever la tour de Bon vouloir.

LE LIT DE LA GRONE.

Dolmen qu'on voit sur le territoire de la chapelle Moche. Cette pierre plate a sept pieds de large sur neuf de long : les paysans des environs prétendent qu'elle recouvre d'immenses trésors cachés du temps des guerres. C'est, à n'en pas douter, un momument des Druides.

DOMFRONT.

Après avoir visité Bonvouloir et le lit de la Grone, ont aperçoit la ville de Domfront. Ses tours crénelées, construites sur le faîte d'une montagne, la fait ressembler de loin au site volcaniques de Volterra en Toscane. Domfront par sa position naturelle fut une des places fortes les plus importantes de la Normandie. Guillaume de Talvas, comte de Bellême, la fortifia pour se défendre de l'invasion des Manceaux; elle soutint plusieurs siéges et fut reprise par Guillaume le Conquérant sur Geoffroy Martel comte d'Anjou. Plus tard, sous François II, Mongommery s'y rendit à Montignon, après avoir pendant plusieurs jours soutenu un siège mémorable. Livré à Catherine de Médicis, on connaît le supplice qui lui a été infligé par l'Italienne. Aujourd'hui Domfront n'a plus que trois mille âmes; mais sa positions est unique dans l'univers et offre un aspect grandiose et imposant par ses immenses blocs de rochers qui semblent jaillir du sol et se perdre dans les nues. Du fond de cette vallée, les jours anniversaires des grandes batailles, on voit sortir, dit-on, des humides vapeurs du soir, une longue file de combattants sur des coursiers blancs; leurs armes sont blanches et leurs manteaux blancs aussi. Ils manœuvrent sur les prés, se heurtent aux bords des rivières et disparaissent aux premières lueurs du jour. Près de cette ville est le *château du Diable*, construction du XVIe siècle. Fran-

çois Barré, duc de Jumilly, en était le seigneur du temps de la guerre du Bien public. Il sauva Domfront par sa bravoure. Le *château du Diable* a sa légende populaire; la voici :

« Le châtelain dans un grand repas s'eni-
« vra et après avoir blasphémé le nom de
« Dieu, s'écria : *Que le diable m'emporte!*
« Le soir, on entendit un grand bruit, on vit
« la montagne voisine s'entr'ouvrir et jeter
« un torrent de feu et de fumée : bientôt
« il en sortit un grand carrosse, attelé de
« quatre chevaux blancs, qui se dirigea
« vers le château et entra dans la cour
« d'honneur. Il descendit du carrosse un
« grand homme qui demanda le maî-
« tre du château; le châtelain quitta

« sa compagnie; ce fut pour toujours.

« Lorsqu'il fut dans la cour, le grand « homme le fit monter dans son carrosse « et disparut bientôt dans le gouffre de « feu. Depuis, personne n'a pu habiter « cette demeure, à cause du grand bruit « qui s'y fait la nuit. Un jour, une brebis « blanche entra dans le château, et quand « elle en sortit, elle était toute noire avec « l'empreinte de la main du diable. »

. . . .

FLERS.

De Domfront on se rend à Flers, distant de trois à quatre lieues, par une route facile, mais remplie d'accidents de terrains les plus pittoresques. Près de cette ville, d'une activité manufacturière récente, se trouve le château de Flers, au centre d'étangs semés de nénuphars blancs et jaunes. Ce château fut longtemps le quartier général de la chouanerie, protégée par la comtesse de Flers. Elle enleva les plombs des toits de son château pour en faire des balles. Délogés le 25 février 1796 par les républicains, les Blancs le reprirent de nouveau au mois de mars suivant. En 1800, le général Gardanne y fit mettre le feu et détruisit ainsi les munitions et les approvisionnements de l'armée insurgée. Les constructions subsistent néanmoins.

§ IX

La forêt d'Andaine.

Les baigneurs ne quittent jamais l'établissement sans avoir fait un pèlerinage à Saint-Horter. Cette promenade a ses charmes. En sortant du parc, un petit sentier couvert, longeant le lac, puis pénétrant dans la forêt d'Andaine, conduit à la petite chapelle de Saint-Horter. Le saint qui lui donna son nom est aussi connu sous celui de Solitaire de Coutances; c'était un des Pères de l'état monastique. Il vivait au VIe siècle et fut le plus éloquent des missionnaires chrétiens dans la Normandie. Il conquit par sa parole, sa vie d'ascète, sa charité et sa grande bonté les populations payennes de l'antique Neustrie.

Tous les habitants des contrées circonvoisines ont conservé l'habitude de venir chaque année, le mardi de Pâques, visiter la chapelle de Saint-Horter et lui demander la guérison de leurs maux, et, en particulier, de la paralysie, de la maladie arthrite et de la lèpre dont le saint guérissait. Saint Horter est venu mourir au milieu de la forêt d'Andaine, près d'une limpide fontaine, dans le modeste ermitage qu'il avait rendu célèbre par ses prières et ses bonnes œuvres. Après sa mort, on s'aperçut que le saint ermite avait laissé aux eaux de la fontaine des qualités curatives. Ceux qui souffraient s'y baignaient et obtenaient guérison. On y éleva en cet endroit une chapelle qu'on dédia à saint Horter. Le long des sentiers qui y conduisent, on rencontre çà et là de petites pyramides de pierres tantôt à terre, tantôt dans les fourches des taillis, tantôt suspendues comme les reliques des sauvages. Ce sont des malades qui les ont ainsi élevées à la hauteur de leurs maux. Si vous détruisez leurs dépôts sacrés, vous héritez de leurs maladies : voici l'origine de ces *ex-voto*. Dans la même forêt, au fond d'un immense ravin, et près d'un torrent, saint Antoine, le frère ou l'ami de saint Horter (ce que la chronique ne peut préciser), avait construit aussi un ermitage. Les deux saints hommes se visitaient, et saint Horter, pour reconnaître sa route, déposait çà et là des pierres. De là la coutume des pèlerins de déposer des pierres de distance en distance.

La chapelle de Saint-Antoine, construction du XIIIe siècle, est un but de promenade pour les baigneurs.

§ X

Saint-Maurice.

Sur les confins de la forêt, au sommet d'un mamelon, on entre de plein pied sur un plateau. Un groupe de maisons à l'air propre et aisé entoure un joli castel qui semble veiller sur cette petite commune. En effet, M. le comte et Mme la comtesse de Contade y ont apporté cette bienfaisance qui relève de la misère et de l'ignorance. Mme de Contade ne borne pas sa sollicitude à adoucir et calmer les étreintes de la faim ; elle veille encore à l'instruction de ses protégés. Le calme de la vie champêtre n'y est troublé que par les hurlements de la meute aux jours des grandes chasses.

Nous engageons les baigneurs à visiter le magnifique salon Henri II ; à leur admiration se joindra un long souvenir de la cordiale et gracieuse hospitalité qui les accueillera.

RANES.

Vieux château dont il ne reste plus qu'une tour massive. Il appartenait jadis à la famille d'Argouges. Suivant une vieille tradition, une fée de la forêt d'Andaine était le génie bienfaisant de cette famille. Jeune et bonne, elle se fit aimer de l'héritier de Ranes. Elle consentit à le prendre pour mari, mais à la condition qu'il ne prononcerait jamais le mot de *mort*. Leur union fut heureuse et, comme dans toute légende, ils eurent beaucoup d'enfants. Un soir que la fée, à sa toilette, se faisait trop attendre par une société brillante qu'elle avait invitée, son mari monte impatienté et lui dit : « Madame, vous seriez bonne, tant vous êtes lente, à *aller quérir la mort!* »

La fée, à ces mots, pousse un cri d'angoisse, s'envole par la fenêtre et disparaît pour toujours. On montre encore l'empreinte de son pied sur les créneaux de la tour, et pendant les nuits d'hiver, quand le vent ébranle les vitraux, elle revient voltiger autour de son ancienne demeure en criant tristement : *La mort! la mort!*

C'est la Giselle normande. On a conservé dans ce pays le souvenir d'un duel qui eut lieu, vers 1432, près Ranes, entre trente Français de Saint-Cennerie et trente Anglais qui s'entretuèrent. Les Anglais restèrent tous pour morts, et quelques Français blessés se retirèrent vainqueurs. C'est un drame aussi héroïque que celui du chêne de la *mi-voie de Ploërmel*, mais qui n'a pas eu son poëte pour faire passer jusqu'à nous un mot semblable à celui de Geoffroi de Blois : « *Bois ton sang, Beaumanoir!* »

CARROUGES.

Le château de Carrouges est à six lieues de Bagnoles; on peut faire cette excursion entre le déjeuner et le dîner. Bâti aux XIVe et XVe siècles, c'est un reste gigantesque et frappant des constructions défensives des époques féodales. Tout y est grandiose. Il renferme une galerie intéressante de portraits historiques, l'armure complète de Jean de Carrouges, tué à Azincourt, une chasuble que Louis XI, lors de son voyage en Normandie pour aller au Mont-Saint-Michel, offrit aux Le Veneur, possesseurs actuels du domaine. On y montre la chambre qu'occupait le monarque avec la décoration de l'époque. Ce château rappelle ce fameux duel qui fut ordonné, sous Charles VI, par le parlement de Paris, et qui eut lieu entre Jean de Carrouges et Jacques Le Gris. Il s'agissait de savoir si Le Gris avait abusé de la dame de Carrouges malgré elle. Le duel eut lieu à Paris, derrière le Temple, en présence du roi et de toute sa cour; Le Gris succomba et son cadavre, livré au bourreau, fut pendu aux gibets de Montfaucon. Plus tard, l'innocence de Jacques Le Gris fut reconnue et proclamée. La dame de Carrouges, se repentant d'avoir faussement accusé Le Gris, se retira dans un couvent, où elle mourut dans une cellule.

Nous ne pouvons mieux terminer cette notice qu'en rappelant les paroles d'un de nos grands écrivains :

« Nous avons montré les souvenirs de « l'antiquité modifiés dans les idées ou « dans les rêves par l'influence du chris- « tianisme primitif et du moyen âge. Il « y a là un monde de fantaisies perdues « pour les classes éclairées, et qui tend « aussi à s'effacer de la croyance et de la « mémoire des classes rustiques. Il n'est « donc pas sans intérêt de recueillir les « fragments épars dans les provinces « de France, de cette poésie terrible, « riante ou burlesque qui, dans un demi- « siècle peut-être, n'aura plus ni bardes, « ni rapsodes, ni adeptes.

« La France populaire des campagnes « est tout aussi fantastique cependant que « les nations slaves ou germaniques ; « mais il lui a manqué un grand poëte « pour donner une forme précise et du- « rable aux élans déjà affaiblis de son « imagination. »

La Bretagne, dans ses poëmes de la *Peste d'Eliant*, du *Tribut de Noménée*, est à la hauteur des nations les plus poétiques. La Normandie a ses légendes terribles : il lui a manqué un Ossian ou un Walter Scott. Un génie musical seul, Meyerbeer (et c'est un étranger), a su populariser dans le monde le drame terrible de *Robert le Diable*.

§ XI

Composition des eaux. — Propriété médicinale.

CAS DANS LESQUELS ON LES EMPLOIE.

Cette partie de la notice étant destinée moins aux médecins qu'aux gens du monde qui désirent connaître d'une manière sommaire, mais précise, la composition des eaux, les cas dans lesquels elles sont employées, nous n'entrerons dans aucun détail scientifique ni d'analyse chimique. Sous ce dernier rapport, nous nous bornerons à dire que les analyses anciennes de Geoffroy, en 1749, de Vauquelin et Thierry, en 1814, celles de M. O. Henri dans ces derniers temps, ont démontré dans ces eaux, dont la température naturelle est de 27°, la présence d'une grande quantité d'acide carbonique et de gaz azote.

Ces principes gazeux, dont tout le monde connaît les propriétés, concourent à les rendre puissamment efficaces en même temps que légères, d'une digestion facile et qu'ils en font une boisson alimentaire qui ne répugne en aucune façon, qui se mêle au vin sans l'altérer. Leur onctuosité la rend aussi propre et agréable à la toilette.

Aux principes gazeux dont sont abondamment pourvues les eaux de Bagnoles, on trouve réunis des principes minéralisateurs. Ce sont des sulfures, des muriates de chaux, de magnésie, de sodium, etc., etc., et enfin un peu de barégine qui lui donne son onctuosité si agréable et si salutaire à la peau. Quoique l'analyse n'ait pu démontrer la présence de l'acide sulhydrique, l'odeur qui s'en manifeste à la source est telle qu'il ne peut rester aucun doute à cet égard. C'est ce qui les fait classer parmi les eaux sulfureuses légères dont l'action, d'ailleurs, ne peut être contestée dans les maladies de la peau, ainsi qu'une expérience de plus de cent cinquante ans l'a démontré.

La propriété des eaux de Bagnoles, loin de constituer une panacée universelle, trouve cependant un emploi avantageux dans une foule de maladies qui ont résisté aux traitements les plus énergiques et les plus rationnels.

Il n'entre pas ici dans notre plan de rechercher si les cures inespérées et presque miraculeusement obtenues ont leurs causes dans ce quelque chose insaisissable, qu'il a fallu dénommer, ne pouvant être chimiquement expliqué, et que l'on a appelé l'*esprit des eaux*, ni si dans ces guérisons les eaux ont trouvé de puissants auxiliaires dans l'hygiène exceptionnelle à laquelle les malades se soumettent docilement et même que dans les heureuses influences d'un milieu spacieux, boisé, montueux, aéré, l'absence de préoccupations d'affaires, d'exigences sociales dont on fait un complet abandon pour se livrer à une vie active, insouciante, dans laquelle la fatigue fait seule les frais; qui le soir amène un sommeil réparateur, régulateur de toutes les fonctions, en même temps qu'il est la conséquence de leur libre exercice.

Si ces deux agents, les eaux et l'hygiène, se prêtent un mutuel appui, comme dans les maladies internes et nerveuses, il est bien d'autres genres nombreux de maladies qui ne doivent leurs guérisons complètes qu'à la salutaire influence des eaux: telles sont les ankyloses, les paralysies, les atrophies, les rhumatismes anciens et récents.

Notre but actuel n'est que de mentionner les nombreuses catégories de maladies qu'une expérience séculaire a démontré être guéries radicalement ou soulagées par l'emploi des eaux de Bagnoles. Pour les détails et l'étendue des observations recueillies par les divers médecins qui ont suivi les cures de l'établissement, nous renverrons à une notice publiée par M. le docteur Desnos.

La médecine militaire a largement usé de ces eaux pendant douze à quatorze années, et si le ministre de la guerre y a envoyé si longtemps les malades de l'armée et de tous grades, ce n'était certainement pas pour procurer à ses officiers ou soldats malades les plaisirs d'une saison aux eaux. La clôture de l'établissement militaire a tenu à des circonstance on ne peut plus étrangères à l'art de guérir.

APPLICATION.

Les maladies dans lesquelles les eaux de Bagnoles ont une action curative incontestable sont en première ligne toutes les affections du tube digestif et troubles fonctionnels qui en résultent, les dyspepsies, les entéralgies, les diarrhées chroniques.

Les leucorrhées, aménorrhées, dysménorrhées, la chlorose, ces déplorables affections des femmes et des jeunes filles, et si communes de nos jours, y sont héroïquement combattues. Leur guérison en est complétée par l'emploi des eaux ferrugineuses acidules, dont une source très-chargée en carbonate de fer existe dans le parc de l'établissement.

Les maladies nerveuses, maux de nerfs, vapeurs, etc., etc.... certaines causes de stérilité.

Les maladies des os, des tissus fibreux, des articulations, les engorgements glandulaires, les scrofules, les rhumatisme anciens ou récents, les conséquences qu'ils entraînent, les paralysies, les atrophies, les ankyloses, les maladies chroniques de la peau, les ulcères atoniques, les suites des maladies syphilitiques ont toujours trouvé dans l'emploi des eaux de Bagnoles, et dans un laps de temps assez court, une guérison complète ou une amélioration consolante.

Selon M. le docteur Ledmé, qui pendant longtemps a dirigé les eaux de l'établissement, ces eaux vont parfaitement aux femmes dans tous les cas où les eaux minérales peuvent être conseillées.

Il signale aussi certaines affections de l'appareil respiratoire, telles que le catarrhe simple, les bronchorrhées, l'asthme nerveux, les aphonies nerveuses, les laryngées de nature lymphatique.

Telles sont en général et d'une manière sommaire les nombreuses catégories de maladies qu'on voit guérir à Bagnoles et sur lesquelles, comme le dit M. le docteur Desnos, l'expérience et l'observation ont prononcé d'une manière positive et pour lesquelles on peut promettre un succès, sinon toujours assuré, au moins probable.

§ XII

Communications. — Tarifs. — Renseignements.

L'établissement a sa boîte aux lettres: le courier arrive à 9 heures du matin, en repart à 2 heures.

Le bureau principal pour toucher les mandats est à Couterne (5 kilomètres).

Recommander de mettre sur les adresses des lettres : *Bagnoles-les-bains, par Couterne. (Orne.)*

On prend les billets pour Bagnoles au chemin de fer de l'Ouest (gare du Mont-Parnasse) ; trois départs par jour. Le trajet se fait en 10 heures.

Bagnoles est à 50 lieues de Paris, — 40 de Rouen, — 18 de Caen, — 30 de Rennes, — 11 d'Alençon, — 9 d'Argentan, — 5 de Domfront, — 9 de Flers, — enfin, 18 de la mer.

Toutes les communications sont faciles.

Cherbourg, la Touraine, ne sont plus

qu'à quelques heures de Bagnoles par suite de l'ouverture de cette ligne.

La nouvelle direction a institué des tarifs qui sont à la portée de tout le monde.

Une chambre coûte 75 centimes et plus.
Un appartement à 3 ou 4 lits, de 4 à 6 fr.

LA PENSION :

	fr.	c.
Première table.	5	50
Deuxième table	2	75
Troisième table.	1	50

Au restaurant la dépense est facultative ; on y vit à la carte.

Le service par jour	»	50

L'entrée au casino, une fois payée,

est, pour une personne, de	7	
Pour un ménage.	10	»

On y sert chaque soir des rafraîchissements gratis.

	fr.	c.
Le bain, pour le pensionnaire. . .	1	»
Les eaux en boissons	»	»

EXTERNES.

Ils paient, pour un bain.	1	»
L'eau (par verre).	»	10
Le litre.	»	50
L'entrée simple.	»	50

Ils peuvent prendre un abonnement.

Ils ne sont pas admis au casino.

Un cheval de selle (par jour). . .	5	»
Une américaine (deux chevaux). .	8	«
Une calèche, un breack.	14	»

On prend les chevaux et les voitures à l'heure ; les prix sont modestes.

Traîneaux.	»	50
Canot	»	50

Toutes les excursions se font à bon marché :

En commun. . . . . 1 fr. 50 c.

Pour aller, et autant pour retour, de Lassey,

Domfront, La Ferté, Roanes, Carrouges et tous les environs dont la distance ne dépasse pas 5 à 6 lieues.

Tous les genres de dépense que l'on fait à Bagnoles sont tarifés, et les tarifs sont affichés dans les lieux les plus fréquentés de l'établissement.

Un homme de moyenne fortune, ni avare, ni prodigue, dépensera de 5 à 8 francs par jour.

Un homme pauvre et malade fera une saison pour 100 francs.

Un homme riche dépensera, s'il le veut, 50 francs par jour.

Service Médical.

Le cabinet médical est ouvert de 6 heures du matin à 10 heures et demie ; le soir, de 7 à 8 heures; il est tenu par M. le docteur Delaporte, médecin spécial de l'établissement, y résidant.

FIN.

Paris. — Impr. Walder, rue Bonaparte, 44.

LES EAUX DE BAGNOLES (orne)
Mélodie.
Paroles du Cte Eugène de Loulay.
à Mme la Cesse de Sémalé.
Allegro moderato.
PIANO.
perdendosi.
O ravissant pa_ys, chères eaux de Ba_gnoles,
Je garderai tou_jours votre frais souve_nir;
Puisque vous me ren_dez toutes mes au_ré_o_les
Sur vos pai_sibles bords
rit: molto.
Je sau_rai re_ve_nir.
suivez.
p dim.
rit. ppp
perdendosi.

1r Couplet
J'aime à voir vos sa_pins planer sur les a_bi_mes, Votre forêt su_
martiale.
_per_be au front silenci_eux; Le roc du Capu_cin, dont les altiè_res
ci_mes Semblent vouloir per_cer le voile errant des cieux.
rit.
rit.
2e Couplet.
Quand triste, fa_ti_gué des vains é_chos du monde,
Je vins chercher i_ci le calme, le repos Je retrempai ma vi_e aux flots
purs de votre onde, Et mon âme y trou_va l'oubli de tous ses maux.
3e Couplet.
Je ne puis ou_bli_er le ra_di_eux vi_sa_ge
De cette jeune fille au doux regard vainqueur... Je vins plein de san_té vi_
_si_ter ce ri_va_ge, Et lorsque j'en par_tis malade était mon cœur...

www.ingramcontent.com/pod-product-compliance
Ingram Content Group UK Ltd.
Pitfield, Milton Keynes, MK11 3LW, UK
UKHW020332250726
13967UKWH00005B/1991

9 782013 038072